CUIDAMOS EL MEDIO URBANO

En los últimos años, los centros urbanos han crecido aceleradamente, pues constituyen un polo de atracción para la mayoría de las personas. Como consecuencia de esta tendencia, las ciudades se extienden y se generan profundos desequilibrios que requieren la práctica impostergable de un civismo urbano. Si queremos, entonces, que la ciudad en que vivimos no se convierta en "*tierra de nadie*", debemos aprender a cuidarla. Tenemos el deber cívico de hacerlo. Para ello es imprescindible actuar con responsabilidad y madurez, pensando en el bien común, por una vida urbana más digna y humana. Ésa es la clave.

> "*Realicemos todos los esfuerzos ahora, porque si fracasamos, deberemos igual hacerlo sobre los escombros de casi todo el mundo conocido*".
>
> **Albert Einstein**

Los pulmones de la ciudad

Uno de los problemas más graves de la ciudad es la falta de espacios verdes. Las plantas y los árboles son sumamente beneficiosos para la salud humana, porque aportan el oxígeno necesario para purificar el aire que respiramos.

Cuanta más gente se aglomera en las ciudades, más se construye y menos espacio queda para las plazas y los parques. Por eso, es muy importante cuidarlos. Ayudar con tus actitudes a que estos valiosísimos espacios urbanos puedan seguir existiendo es una obligación que te impone el derecho que tienes a disfrutarlos.

Para satisfacer nuestra necesidad de espacios verdes, debemos ser conscientes de nuestro deber de preservarlos.

La plaza es de todos

Las plazas, lugares concebidos para el encuentro, para la recreación y el esparcimiento, van perdiendo protagonismo en los hábitos infantiles. Es que la inseguridad las ha transformado en lugares peligrosos cuando decae la luz del día. En algunos casos, los juegos que sobreviven al acecho de ciertos visitantes nocturnos quedan estropeados y mutilados. Por esta razón, hay plazas que son enrejadas para evitar saqueos y destrozos en los juegos infantiles. Pero no se trata de valorar la plaza solamente por sus trepadoras, columpios o toboganes: allí también tenemos la posibilidad de vincularnos con la naturaleza y con nuestros semejantes, lo cual es fundamental no sólo para los niños, sino también para los adultos y, sobre todo, para los ancianos.

No hay nada más hermoso que el encuentro entre los más pequeños y los más grandes. Las plazas y los parques aún guardan ese recuerdo, por eso se hace tan necesario revalorizarlas y preservarlas de los malos tratos.

La plaza, lugar de encuentro, se perderá definitivamente si no somos conscientes de la necesidad de su cuidado y protección.

NO PODEMOS PERMITIR QUE SE SIGA DETERIORANDO NUESTRA PLAZA...

¡TENEMOS QUE HACER ALGO PARA PROTEGERLA!

Conservar la limpieza

Los distintos ámbitos donde desarrollas tus actividades cotidianas deben mantener cierto decoro, para que éstas puedan ser realizadas felizmente y con eficiencia. Actividades tan variadas como jugar, estudiar, cocinar, dormir, leer o hasta caminar requieren de una mínima **organización del espacio**. Si bien el desorden no es directamente suciedad, favorece su acumulación. El aspecto desprolijo de una habitación desvaloriza la imagen de su morador y dificulta mantener la limpieza. Guardar tus juguetes, tus libros o tu ropa, tender la cama, lavar y ordenar enseguida los utensilios que utilizaste para comer o beber, arrojar la basura a un cesto u otras **acciones responsables** en favor del orden y el aseo pueden ahorrarte muchísimo tiempo y, a la vez, gratificarte con un ambiente agradable y una mejor calidad de vida.

Algo similar a lo que sucede con tus espacios privados se puede decir de los lugares públicos y, en este aspecto, aunque todos somos responsables del lugar donde vivimos, no hay que criticar lo que otros no hacen. Es preciso asumir el compromiso de **participar generosamente**, poniendo el corazón en lo que hacemos, para **mejorar lo que hace falta**. Así, en vez de quejarnos por lo sucia que está la ciudad, deberíamos hacer un análisis de conciencia para determinar qué acciones cotidianas podemos realizar para modificar esa situación.

La ciudad más limpia no es la que más limpia, sino la que menos se ensucia.

Regular el consumo y disminuir la basura

Actualmente, la cultura de lo "descartable" se ha impuesto a lo largo y lo ancho del globo terrestre. Las cosas se hacen para que duren poco tiempo y se las reemplace continuamente por otras más avanzadas tecnológicamente, o sencillamente con diseños más modernos. Y ya no nos queda lugar donde poner tanta basura.

La fiebre de tener y acumular objetos nos lleva muchas veces a invadir nuestros hogares con objetos innecesarios. Además, como todo viene empaquetado, envasado, embolsado... aumenta la cantidad de desperdicios que, en su mayoría, son plásticos. Es decir, son residuos inorgánicos que a la naturaleza le llevará miles de años descomponer para asimilarlos. Si se continúa así, el futuro se presenta preocupante: tal vez no se conozca otra cosa que el césped sintético, las flores artificiales, los alimentos químicos... No dejemos que el planeta en que vivimos sea de cualquier manera: construyamos el mundo que nos gustaría tener. Asumamos, pues, el compromiso de proteger el medio ambiente, regulando el consumo y disminuyendo los niveles de basura. Para ello, debemos dejar de lado el derroche en artículos superfluos y reciclar los residuos para reutilizarlos. ¡Se puede y se debe!

¡NO TIREN EL EMBALAJE! PODREMOS APROVECHARLO PARA HACER MANUALIDADES, JUGAR Y CREAR.

El **reciclado** de la basura es una alternativa posible. Para ello, en algunos países se separan los residuos en: orgánicos, plásticos, vidrios, aceites y metales. De esta forma, se pueden **volver a aprovechar** aquellos materiales que arruinan a la naturaleza y evitar su acumulación. Y, por otro lado, todos los residuos orgánicos, como restos de comida, madera y papel, pueden ser devueltos al suelo para enriquecerlo. Si todos comenzamos a hacerlo, tendremos un mundo más limpio, sano y en donde se preserven los recursos naturales y se favorezca una mejor calidad de vida.

Cuidar el agua

El agua es un elemento fundamental para la vida. Por algo, desde siempre, los seres humanos han construido sus ciudades a orillas de los ríos; de otra manera, no hubiesen podido subsistir. Pero tras miles de años de civilización, este recurso que parecía inagotable, ha comenzado a colapsar debido a la creciente contaminación y a su uso irracional. Los ríos y arroyos sufrieron el efecto devastador de la industrialización acelerada del último siglo que, sin prever sus efectos dañinos, fue volcando en sus aguas toneladas y toneladas de productos químicos tóxicos. Las lluvias, que en la antigüedad eran sinónimo de pureza, se han vuelto ácidas y peligrosas. Sólo los hielos se han transformado en grandes depósitos de frescura natural, pero por su lejanía no resulta sencillo su aprovechamiento. Por otra parte, cada vez resulta más costoso el filtrado y la potabilización de las aguas, y cada vez es inferior su calidad. Por eso es imprescindible tomar conciencia de la necesidad de asumir una **conducta responsable**, en favor de una **ecología doméstica**, relacionada con el **consumo racional del agua.**

Cada gota de agua desperdiciada es un tesoro que se pierde.

LUEGO ENJUAGAMOS TODO JUNTO Y ASÍ NO DESPERDICIAMOS EL AGUA.

CLARO, MAMI, Y LO QUE AHORRAMOS PUEDEN APROVECHARLO OTROS.

YO TAMBIÉN LA CUIDO, EN VEZ DE TOMAR UN BAÑO DE INMERSIÓN, PREFIERO DUCHARME...

El aire que respiramos

Parecería que si hay algo que abunda en nuestro planeta es el aire; sin embargo, año tras año se vuelve más irrespirable. Las grandes ciudades, con millones de vehículos, grandes chimeneas y avances permanentes sobre sus espacios verdes, se van transformando en una especie de gigantescas cámaras de gases nocivos. En muchas ciudades del mundo, el esmog provoca tantas víctimas por problemas respiratorios y afecciones oculares, que las autoridades sanitarias recomiendan a las personas afectadas no salir de sus casas en determinados horarios y mantener las ventanas cerradas. Los elementos naturales de nuestro paisaje urbano son indispensables para nuestro organismo, porque ayudan a purificar el aire que respiramos. Cortar las ramas de los árboles, dañar el césped, apedrear a los pájaros o matar insectos inofensivos (como las abejas y las mariposas, por ejemplo), son acciones que atentan contra ti mismo. Cada pájaro y cada insecto que trasladan el polen necesario para que las plantas se reproduzcan son eslabones fundamentales de la cadena de la vida.

Si cuidamos realmente de nosotros mismos y de nuestra seguridad dentro del medio urbano, debemos velar por la preservación del aire que respiramos todos. Para ello, es preciso disminuir al mínimo el uso de aerosoles, acondicionadores de aire, materiales plásticos y todo tipo de elementos que, de alguna forma, provocan daños ambientales.

Actuar con responsabilidad ecológica

Hay muchas actitudes que tú puedes tomar para preservar el ambiente en el que vives. Probablemente has oído hablar de la conciencia ecológica. Ésta no es más que la conciencia que te debe guiar para actuar preservando tu entorno, tratando de no dañar a otros seres vivos, animales y vege-

tales, ni contaminar los elementos de la naturaleza, como son la tierra, el aire y el agua. Escucha los consejos de esta pandilla ecológica y ponlos en práctica; de esta manera, asumirás la importante responsabilidad que tienes con tu entorno.

No enciendas fuego cerca de las plantas: podrías sufrir un accidente y, además, quemar una *"fábrica de oxígeno"* que te ayuda a vivir mejor.

No desperdicies el agua potable dejando que corra innecesariamente, pues cada vez se hará más difícil recuperarla.

Ser ordenado lleva su tiempo, pero nos ahorra mucho más en búsquedas interminables.

El orden y el aseo se necesitan mutuamente, tanto como nosotros necesitamos ponerlos en práctica.

Si transformas la vía pública en un cesto de basura, no sólo estarás afeando tu ciudad, también estarás incubando tu propia enfermedad.

Si vas de campamento, no arrojes detergentes en ríos, lagos o lagunas. Son altamente contaminantes.

No utilices productos en aerosol que no incluyan la leyenda: "No afecta la capa de ozono".

La reutilización y el reciclaje de elementos de descarte alivia a nuestro planeta de la inmensa cantidad de basura que le exigimos digerir.

La plaza en que juegas te pertenece: aprende a cuidarla con alegría y enséñales a otros niños que también lo hagan.

No dejes la basura desparramada en parques ni plazas. Guárdala en una bolsa y llévala hasta algún cesto. La naturaleza te lo agradecerá.

Protege a las plantas de los malos tratos y ellas protegerán tus pulmones.

Siembra una planta o un árbol, y cuídalo diariamente.

No arrojes basura a las aguas de ríos, lagos o lagunas. Piensa que alterarías un recurso vital, y con ello estarías dañando a los miles de seres que viven allí.

Evita abandonar las pilas usadas en cualquier sitio. Poseen productos químicos que pueden contaminar la tierra o las aguas durante cientos de años.

Los deberes que tenemos para con el medio ambiente también lo son para con nosotros mismos.

¿El campeón?

(CUENTO)

¿Qué hace falta para ser un gran campeón? ¿Alcanza con la habilidad o es necesario mucho más que eso? Veamos este ejemplo, ya que de dar el ejemplo se trata...

Padre e hijo llevaban largas horas entrenando para el gran partido.

—¿Ves esa pelota, hijo?

—Sí, papi —dijo el pequeño golfista y firme candidato a heredar las habilidades y defectos de su padre.

—En un momento estará en el hoyo veinticuatro —se ufanó el campeón, acomodándose la gorra para que el sol no lastimara sus ojos—. Prepárate para seguir la rápida trayectoria de este misil, hijo.

El hijo del campeón se sentó en el pasto, con las piernas estiradas. No tenía que buscar un ídolo: frente a él había uno bien grandote, de casi dos metros de estatura. Esa semana, una revista había mencionado dos veces a su padre, aunque todavía no había llegado a ser un verdadero campeón.

Mientras esperaba el tiro perfecto, el niño sacó del bolso una gaseosa y sorbió un buen trago.

—¿Quieres? —ofreció.

—No, gracias. Debo concentrarme en el juego. El campeón ensayó la jugada en cámara lenta y abrió las piernas con gracioso contoneo de pato. Ya podía ver esa pelotita dentro del hoyo veinticuatro, aunque tuviera que atravesar una zona difícil de médanos. Desde su posición no distinguía la bandera, pero sabía exactamente dónde se encontraba.

—¿Qué hago con la lata vacía? —preguntó el niño.

Al no recibir respuesta insisitió.

—Papá... ¿qué hago con esto?

El padre levantó la cabeza pacientemente.

—¿Sabes qué superficie tiene este campo, hijo? —perdía concentración, pero no le importaba detenerse si era para darle una lección de

practicidad a su discípulo predilecto.

El muchachito se encogió de hombros.

—Cuarenta y siete hectáreas.

El niño seguía sin entender.

—Te lo explicaré con un ejemplo. Pon la lata en el césped. Eso es.

El campeón tomó posición junto a la lata, escogió un palo al azar y de un certero golpe la envió por los aires. El niño rió con ganas.

—¿Sabes adónde fue esa pelota?

—No, papi.

—En busca de un cesto de basura. ¿Te das cuenta? No debe ser un obstáculo para ti una cosa tan insignificante.

Plenamente satisfecho, descargó ahora su golpe. Luego caminó junto a su hijo hasta el hoyo veinticuatro, con la convicción de que la pelotita se encontraba adentro.

Se llevó una gran sorpresa al ver que la pelotita estaba a unos cinco metros del lugar.

Perplejo, exclamó:

—¿Qué pasa aquí? Nunca me equivoco por más de veinte centímetros.

—¡Mira, papi! —dijo entonces el niño, creyendo que daba a su padre una noticia fabulosa —¡La lata que tiraste! La pelotita debió pegarle y se desvió.

El campeón aceptó su derrota.

—Busquemos un cesto de basura para tirarla —dijo—. Recuerdo haber visto uno por aquí.

Alfredo Parra

Si destruyes la naturaleza, tarde o temprano eso se volverá en tu contra.

El hombre y el agua

Si el hombre es un gesto, el agua es la historia.
Si el hombre es un pueblo, el agua es el mundo.
Si el hombre es recuerdo, el agua es memoria.
Si el hombre está vivo, el agua es la vida.
Si el hombre es un niño, el agua es París.
Si el hombre la pisa, el agua salpica.
Cuídala, como cuida ella de ti.

Brinca, moja, vuela, lava, agua que vienes y vas.
Río, espuma, lluvia, niebla, nube, fuente, hielo, mar.

Agua, barro en el camino.
Agua que esculpes paisajes.
Agua que mueves molinos.
Agua que me da sed nombrarte.
Agua que le puedes al fuego.
Agua que agujereas la piedra.
Agua que estas en los cielos,
como en la tierra.

Brinca, moja, vuela, lava, agua que vienes y vas.
Río, espuma, lluvia, niebla, nube, fuente, hielo, mar.

Joan Manuel Serrat

"Cada uno puede ayudar a construir una cultura de la paz y de la no violencia viviendo cada instante con alegría y gratitud, con la conciencia íntima de que nuestra vida, la vida de todos los seres y la creación son sagradas."

Mairead Corrigan Maguire, Premio Nobel de la Paz, 1976

ACTIVIDADES

Para reflexionar, debatir, expresarse, crear...
y construir un mundo mejor entre todos.

UN DIÁLOGO IMAGINARIO

¿Te animas a inventar un diálogo entre una hormiga y una mariposa que observan cómo se está deteriorando el aire del ambiente en donde viven?

CUIDEMOS LOS ESPACIOS PÚBLICOS

Durante la noche ha entrado un misterioso visitante a la casa de Cristina y le ha dejado este mensaje. ¿Te animas a descifrarlo?

Ψ◆ΦΣΘⅡ ⬜⬟ΘⅡ◆Θ ⬜⬟Φ⬟6⬟◆ ◀ ⬜ⅡΘΞΦO⬜◀Φ ⬟ⅈ O◆Θ OG◀ΦⅈΘ ⬟ⅈ ⬟Ψ◀⬟6ⅡΘⅡⅈⅠ◆Θ, ◀ΘⱣ◀Θ◆Θ Φ⬟Ψ◆ΘΘ◀⬟O◆ΘⅈⅠ◆Θ ⬟◆ΘΘⱯΦ ⬜⬟◀⬟ⅈ ⬟ⅈ Ψ◆Θ⬟ΦⱢ◀ΦO◆Θ.

A = ◀	B = ●	C =6	D= ⬜	E= ⬟	F = Ξ	G= Δ	H = ⬟	I = Ⅱ
J = *	K = ✦	L =○	M=Θ	N= ⬟	Ñ = ⬟	O= ◆	P = Ψ	Q = Σ
R = Φ	S = Θ	T =⬜	U= ◖	V=Γ	W = ⬥	X= 𝓍	Y= Ω	Z = Δ

Respuesta

Porque tenemos derecho a disfrutar de los lugares de esparcimiento, asumamos responsablemente nuestro deber de preservarlos.

CONSERVAR LA LIMPIEZA...
¡Y HACERLO EQUITATIVAMENTE!

Realiza una lista con todas las actividades que se realizan en tu hogar con el fin de mantener la limpieza, el orden y el buen funcionamiento de la casa. Luego, pídele a tu mamá que controle que no te hayas olvidado de nada. Finalmente, reúnanse todos los integrantes de la familia que conviven en el hogar y coloquen, al lado de cada una de las actividades, el nombre de la persona que la realiza. Debatan entre todos si la distribución de las tareas es equitativa o si alguno podría colaborar un poquito más.

- **Tender las camas.**
- **Sacar la basura.**
- **Poner la mesa.**
- **Pasear al perro.**
-
-

"La unión hace la fuerza" ¡y logra mejores resultados!

CUIDAR EL AGUA

Marca con una X según correponda:

En la columna 🙂, las actitudes que no atentan contra la conservación del agua. Y en la columna 🙁, las que sí lo hacen.

	🙂	🙁
Tomar baños de inmersión.		
Cerrar la llave mientras pasamos detergente a la vajilla.		
Dejar correr el agua mientras nos lavamos los dientes.		
Arrojar residuos en ríos y mares.		
Nadar.		
Lavar el automóvil dejando correr el agua de la manguera.		
No prestarle atención a una pérdida en el lavabo.		
Tomar una ducha rápida.		

¡A RECICLAR!

Para ser un buen reciclador, lo primero que tienes que hacer es recolectar todo el material de desecho que puedas. Lo importante es que no alteres cosas que estén en buen estado, sino que aproveches todo lo que ya no se utiliza y, de esa manera, puedas reducir los volúmenes de basura.

Para esta importante tarea te serán útiles diferentes materiales de desecho, como:

- retazos de tela,
- piolines,
- lanitas de diferentes colores,
- papeles usados,
- cajas y trozos de cartón,
- corchos,
- tapitas de gaseosa,
- botellas y envases descartables,
- latas de conserva vacías,

¡y todo lo que encuentres disponible!

¿Qué podrás hacer con ellos?
Juegos, juguetes, adornos para el hogar, objetos para el escritorio...

¡Deja volar tu imaginación y contribuye a preservar el medio ambiente, evitando el exceso de basura!